Vous pourrez retrouver Poyet Karine sure

http://www.poyet-karine.com/

http://voyance-pierre-horn.name

IMPORTANT !!!

Cet ouvrage a été conçu pour les personnes en recherche du savoir et du mystique.

Que toutes ressemblances et amalgames seraient totalement fortuites !

J'ai eu la vision d'un monde meilleur et cette vision et aujourd'hui devenue réalité...

Ne songez pas votre vie !

Vivez vos songes !

Je vous souhaite une belle vie,,,,,,,,,,

Poyet Karine

Et ça ne fera pas de vous un être accompli arrêtez de croire ces marchands d'espoir qui vous font songe votre vie, les seuls qui s'enrichisses c'est eux !!!

Ils vous diront que je suis devenu riche avec cette méthode et vous demanderons de l'argent ou vous vendrons une de leur merde !

Franchement réfléchissez !

Moi si je trouve le moyen d'être riche et que je peux en faire profiter les autres la méthode je la file gratuite.

Si tu crois qu'un politicien ou un parti politique vas changer ta vie tu es sûrement un bœuf cloné, moi avoir la tête collée au cul de l'autre très peu pour moi, suivre le troupeau mener par une société qui nous guide jusque à l'abattoir…

Personnellement quand viendra le jour de mon dernier souffle, je veux pouvoir regarder en arrière et me dire j'ai accompli de grandes choses.

Qui suis-je !

Je suis zéro, je fais partie de nation zéro je ne suis rien sans la somme de mes, Nombres, c'est à dire vous 1 suivi de 0 = 10 suivi 0 = 100……….

Nous sommes multiple écologistes, Anonymous, enfoirés, révolutionnaire de tous bords.

Le zéro est la création du monde dans certaine culture, c'est le commencement.

Vous me direz le zéro n'a pas de valeur ! Prenez un salaire de 2000 € et enlever les 3 zéro, il vous reste combien ?

2 € !

ET OUI !!!

On vous à formatés pour croire que vous savez ce que vous ignorez, vous voulez devenir riche là encore c'est impossible 0,001% des descendants de pauvres deviennent riche, c'est juste pour vous faire croire que c'est possible.

Oh… ! je ne parle pas de vos enfants si vous en avez n'importe quel bœuf cloné peu se reproduire, faudrait t'ils leur donner un avenir, sans leur transmettre notre médiocrité.

Je ne parle pas non plus de votre salaire, carrière, diplôme.

Quand je dis qu'avez-vous accompli ?

Je veux dire au niveau de votre planète quand vous vous promenez dans la nature avez-vous l'idée de prendre avec vous un sac poubelle pour ramasser si vous en voyer les déchets abandonnés bouteilles, papiers…

Je parle là aussi des actions humanitaires ou par les donations malgré que cela est une bonne chose, mais plutôt que de partir en Afrique creuser des puits, d'apporter une soupe chaude aux personnes dans le besoin dans les rues de France.

Bien sûr vous vous dites, tient encore un qui fait de la moralisation, encore un qui fait de la motivation !

L'autre je vous vois faire de l'humanitaire en France en Afrique, il y a beaucoup d'enfants autour de vous, ils ont le sourire, vous rayonnez d'une aura d'énergie merveilleuse.

Vous devriez tout lâcher et partir à l'aventure, à la découverte de la vraie version de vous-même, et pas de cette pâle copie de vous-même.

Avez-vous l'impression de subir vos actions de ne rien contrôlé ?

D'être le pion de cette société influencée par un système de consommation qui vous donne la fausse idée de tous contrôlé, la vérité c'est que nous sommes esclave de nos désire comme en prison.

Une prison faite d'illusion.

J'ai une question pour vous, qu'avez-vous accompli ?

votre ennemi de toujours, j'ai nommé :
Votre ego.

Ces écrits ont pour but de vous faire comprendre je l'espère et vous amenez à vous questionner sur votre mode de vie actuel mais surtout à agir en conséquence.

L'espèce humaine est sur le déclin et elle a besoin d'homme et de femme suffisamment fort pour lui faire relever la tête.

Sachez-le, vous pouvez en faire partie c'est vous qui décidez !

Le travail ne vous amènera que l'argent et le confort, je comprends bien que cela est important pour vous, mais vous ne vous résumez pas seulement à une fonction dans cette société...

Vous êtes tellement plus que cela !

Le destin de l'humanité est entre vos mains j'ai eu une vision de vous ; vous avez deux chemins, un platonique.

Nation zérØ

L'épreuve de la solitude est là pour vous montrer la voie, votre préparation spirituelle pour vos vies futures, car nous sommes tous immortel.

Ce corps n'ait qu'un véhicule et il faut accepter notre destinée comme un rite de passage pour nos vies futures, courage je vois votre lumière celle de votre âme.

Le yin et le yang nous montre bien qu'il y a combat, je ne parlerai pas de destinée mais plutôt de votre voie.

La voie du guerrier moderne est l'intention d'hommes et de femmes qui veulent faire évoluer de manière positive leur vie mais aussi l'ensemble de notre monde.

A travers un mode de pensées et un quotidien bien précis je vous propose de mener un combat au quotidien contre

Songe de nouveau-né

Songe de nouveau-né représente l'envie de laisser une descendance.

Prendre soin d'un nouveau-né en songe, annonce : que vous vous dirigez vers un travail difficile.

Songe de nouveau-né et en voir un, annonce : une période heureuse.

Songe de nouveau-né et en voir plusieurs, prédit : des choix compliqués.

Pour les anciens si une jeune femme rêvait d'un nouveau-né mort, cela pouvait prédire une grosses non désirée.

Songe de nez et l'avoir petit : on vous fera un affront ou une humiliation.

Songe de nez rouge façon clown signale : des habitudes d'intempérances.

On vous fait un pied de nez : on se gausse de vous.

Un nez pointu en songe : reflète une agressivité contre vous.

Songe de crotte de nez signifie : problèmes administratifs.

Songe de nez qui saigne signifie : que quelqu'un cherche à vous tromper.

Songe de nez et l'avoir enflé en songe signifie : succès et richesse, abondance, prospérité.

Songe de nez qui coule ou l'avoir gelé par le froid c'est l'annonce : d'une infidélité pas forcement dans le domaine sentimental, cela peut-être aussi professionnel.

Songe de nez et en avoir un grand en songe : révèle une domination.

Songe de nez façon Pinocchio très long est un signe : de fécondité pour les femme et virilité chez les hommes.

Songe de nez

Le nez peut être une représentation du sexe masculin, il est relié biologiquement, en tant qu'organe et odorat, très important dans les relations sensuelles.

Et certains voient dans le nez un symbole du membre viril.

Songe de nez annonce en général que le songeur ne se trompe pas dans les situations ou les choix auxquels il doit faire face.

Songe de nez qui coule peut signifier : que vous perdrez de l'argent dans un pari ou un investissement.

Songe de nez cassé annonce : une possible maladie longue et pénible, mais pas mortelle.

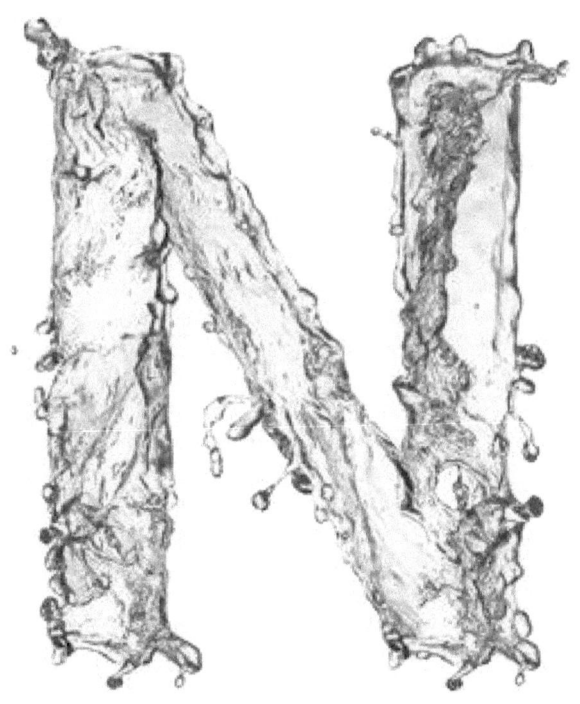

Songe de marche d'escalier

Songe de marche d'escalier que vous montez : annonce une réussite.

Songe de marche d'escalier que vous descendez : prédit des ennuis.

Songe de marche (militaire), indique : un travail inutile, réfléchissait aven d'entreprend des efforts inutiles.

Songe de manger du miel signifie : que vous ferez une rencontre amoureuse.

Le songe de manger du verre annonce : une crise morale.

Le songe de manger du chien prédit : un malheur, si c'est votre chien que vous mangez se malheur sera dans votre entourage.

Songe de manger un chat vivant révèle : une agressivité mal contenue.

Songe de manger ce que vous avez cuisiné : prospérité.

Manger avec dégout en songe est un signe : de déception amoureuse.

Manger de la viande en songe : vous ferez des gains importants.

Songe de manger du chocolat, indique : que vous manquez d'amour.

Manger en songe peut indiquer une duperie très prochaine.

Manger par terre : emportement, faite attention à vos réactions.

Songe de manger de façon gloutonne, révèle : que le songeur est stressé ou fatigué.

Manger en songe prédit : parfois un mariage.

Songe de manger une bonne nourriture indique : que vous cherchez à changer vos habitudes, si la nourriture est mauvaise cela signifie que vous communiquez moins avec votre entourage.

Manger des aliments pourris signale : que vous avez tendance à être trop intransigeant.

Manger la personne aimée : vous désirez plus de sensualité dans votre couple.

Songe de manger

Ce songe révèle que vous êtes peut-être préoccupé par des problèmes dans les affaires, mais songe de manger doit être interprété de façon différente selon les aliments ou la nature de ce qui est mangé.

Songe de manger seule annonce : la tristesse.

Songe de manger peut signifier que vous désirez vous élever et accéder à une classe sociale supérieure.

Songe de manger avec des proches, annonce : que l'avenir sera heureux.

Songe de manège est sur la plan sentimental, est le présage du commencement d'une histoire d'amour.

Pour certaine ou certaine cela représente simplement une joie enfantine.

Songe de manège à l'arrêt : peut-être un signe de rupture.

Etre avec l'être aimé sur un manège, indique : une paix durable dans le couple.

Songe d'un vieux manège, annonce : des retrouvailles.

Un manège qui tourne très vite dans votre songe, indique : une passion amoureuse pour bientôt.

Songe de manège

Songe de manège n'est pas un songe anodin, cat il exprime les criantes qu'a le songeur de se remémorer des évènements vécus pendant son enfance.

Songe de manège peut également que vous vivez une période de stagnation.

Ce songe s'il est perçu d'une façon négative dans votre songe indique : des efforts improductifs.

Songe de manège avec des enfants, indique : des difficultés prochaines à tenir vos engagements.

Voir de amies ou amies sur un manège, annonce : une rencontre prochaine de nouveaux amis.

Ce songe de mandala, révèle que vous êtes prêt à avancer, même si au début cela sera à petits pas.

Songe de mandala

Songe de mandala représente, l'unité, l'intégrité, c'est également un symbole de guérison et de paix intérieure., c'est un songe toujours favorable.

Songe de mandala annonce un grand changement positif dans votre vraie vie.

Observer un mandala dans un songe : vous invite à méditer pour vivre en harmonie avec la vie qui vous entoure.

L'apparence, la forme du mandala de votre songe a une grande importance.

Songe de mandala rond : est souvent un présage de pureté.

Songe de mandala carré, indique : qu'une lumière guidera votre chemin.

Songe de mamelles

Songe de mamelles signifie : mariage avantageux.

Songe de mamelles indique également l'abondance et la fécondité.

Voir de nombreuses mamelles multipliées en songe : est un signe d'adultère.

Songe de mamelles et les voir pleines de lait annonce : un gain d'argent.

Songe de mamelles pleines prédit aussi un amour.

Voir un enfant boire à une mamelle en songe, prédit : un risque de maladie.

Songe de maman et la caresser en songe : prédit une élévation ou une réunion d'amis.

Songe de maman qui décédée, annonce : une guérison, qu'elle soit physique, psychique ou spirituelle.

Songe de sa maman morte, peut également indiquer : que vous avez peut-être causé de la peine à quelqu'un qui vous aime.

Songe de sa maman malade, signifie : solitude prochaine.

Songe de sa maman enceinte annonce : un événement inattendu.

Songe de maman

Songe de maman et sa maman en songe est un présage : heureux, il symbolise, la sureté et la protection.

Parler à sa maman en songe, prédit : une heureuse nouvelle, suivent le contexte sella peut-être dans différent domaine.

Songe de maman et la frapper en songe est un présage : de ruine certaine ou de catastrophe.

Tuer sa maman en songe, annonce : un décès inévitable, dans votre famille ou votre entourage proche.

Songe de maladie comme un cancer, indique : qu'un ennui ou un problème vous ronge et vous empoissonne la vie.

Dans votre songe vous êtes atteint d'une maladie grave et vous guérissez rapidement, cela indique : que vous courez vers un grand succès.

On ne parvient pas à vous guérir d'une maladie en songe : indique que vous n'êtes pas sur la bonne voie pour réussir.

Songe de maladie du cœur, prédit : des soucis affectifs.

Si l'on songe souvent qu'on souffre d'une partie ou de l'autre du corps, cela indique : qu'on a besoin d'un grand repos.

Songe de maladie révèle que votre esprit se tracasse trop, changez vite d'air et prenez de la distraction.

Songe de maladie grave, peut prédire : dans certains contextes, l'ingratitude, insouciance ou une perte d'emploi.

Songe de maladie honteuse ou secrète en songe indique : une fortune acquise par de vils procédés ; attention aucune maladie n'ait honteuse ces seulement se con ressent.

Songe de maladie de peau : était pour les anciens un présage de déshonneur.

Songe d'une rechute de maladie, annonce : une détérioration de votre situation.

Une maladie des yeux, signifie : que vous ne voyez pas les évènements qui vous arrivent comme il le conviendrait.

Vous manquez de jugement dans une affaire vous concernant.

Songe de maladie d'estomac signifie : le plus souvent une overdose de contrariétés.

Songe de maladie vous présage un peu de tristesse et d'ennuis.

Songe qu'on est malade est souvent l'indice d'une bonne santé.

Songe de maladie

Songe de maladie est quelquefois prémonitoire, ce songe de maladie, pour certains onirologues, annonce réellement la maladie, mais le plus souvent songe de maladie traduit des difficultés, des faiblesses ou une fatigue d'ordre psychique.

Songe de maladie cardiaque révèle : chez le songeur des problèmes sentimentaux.

Songe de maladie vénérienne, annonce : qu'une personne tentera de vous piéger.

Si dans votre songe vous vous sentez fiévreuse ou atteint d'une maladie mortelle, c'est un indice d'épuisement et de surmenage.

Songe de mal de mer

Songe de mal de mer exprime des sentiments d'inquiétudes et d'instabilités.

Ce songe de mal de mer peut indiquer que le songeur, tente de rejeter des émotions, qui le font souffrir psychologiquement.

Songe de mal de mer, peut également révéler, que le songeur ne se sent pas à sa place dans la position qu'il occupe.

Songe de maitresse, signifie : parfois que si vous ne prenez pas garde, vous perdrez tout.

Songe de maîtresse

Songe de sa maîtresse et la maltraitée, annonce : le plaisir et un gain d'argent, tout un programme !

Songe de la maitresse de son marie, signifie : que le monsieur rentrera bientôt dans le rang.

Songe de maitresse prédit parfois une réussite en amour : grande joie, union fortunée.

Une maitresse en songe prédit souvent un plaisir éphémère.

Songe de maîtresse indique : une intrigue qui aura exactement l'importance que le songeur lui accordera.

La main de Fatima est un porte-bonheur réputé dans tout le moyen orient.

Elle symbolise la protection divine contre le mauvais œil.

Les cinq doigts de la main de Fatima représentent traditionnellement les cinq piliers du Prophète.

C'est la main qui protège, celle qui offre et celle qui reçoit les dons divins.

Songe de main de fatma, est un présage de chance.

Songe de main et voir des mains belles et soignées présage : d'une affection digne.

Songe de main dans la main : indique un ami ou une amie fidèle, faites tout pour conserver cette amitié.

Songe de main sale indique : vos fréquentations ne laissent-elles pas à désirer !

Quelqu'un vous baise la main, signifie : amour secret.

Songe de main et écrire de la main gauche : révèle une malhonnêteté.

Songe de mains entrelacées, indique : la constance, la fidélité à l'épreuve.

Si vous songez que des mains contiennent de l'or : vous recevrez un présent.

Songe de main dans vos cheveux en songe peut annoncer : une infidélité, mais pas forcément amoureuse.

Songe d'une poignée de mains : on vous fera une confidence ou un ami vous rendra service.

Songe de se voir sa main coupée, symbolise : un sentiment de culpabilité.

Songe de main sans doigts : peut prédire une trahison.

Songe de main petite : vous êtes sous la coupe d'une personne autoritaire.

Si elle est rouge : c'est une manifestation évidente de plein travail.

Songe de main sale, indique : que vos fréquentations sont mauvaises et dangereuses, peut éventuellement prédire un abus de confiance.

Se laver les mains est un grand classique de l'interprétation des songes, cela annonce : des affaires importantes en discussion ou que vous allez être abandonné par un ami dont l'affection était fausse.

Songe de main calleuse : est un présage de gain et de succès.

Songe de main coupée est un signe : d'infortune, voir même la perte de votre travail.

Songe de main crochue indique : que votre avarice vous causera bien des ennuis ou peut également révéler des sentiments intéressés.

Voir une main enflée dans une songe, est présage : de famille nombreuse et de nombreuses amitiés.

Si elle est fine et élégante dans votre songe c'est un signe évident de coquetterie.

Une grande main est annonciatrice : que votre courage et votre force seront votre bouclier.

Songe de main mutilée peut également indiquer : qu'un de vos proches demandera du secours.

Songe de main

Songe de main représente les instincts pratiques et sociaux.

Celui qui songe de serrer la main à de nombreuses personnes, révèle son besoin de succès dans le domaine social.

Songe de main blanche et soignée et un signe : de réussite et d'amour sincère.

Dans l'oniromancie, songe de main droite représente la mère, le fils ou le frère du songeur, la main gauche, sa fiancée, sa fille, sa sœur ou encore sa maitresse.

Songe de main abimée ou mutilée, annonce : une future incapacité de travail ou un ami est peut-être dans la peine.

Voir son conjoint maigrir, signifie : que vous vous sentez abandonné.

Songe de maigrir et se voir maigrir en songe : est un grave avertissement au sujet santé.

Il faut la surveiller de près, et aussi veiller à ses intérêts.

Tout est à craindre en ce moment, mais il faut bien se soigner et veiller à sa fortune avec tranquillité et clairvoyance.

Songe de maigrir annonce souvent un procès, une perte de biens.

Voir son animal de compagnie maigrir, indique : que vous avez besoin de vous reprendre en mains.

Songe de maigrir

Songe de maigrir signifie : que vous manquez de force et de volonté en ce moment.

Songe de maigrir quand on est gros : révèle une prise de conscience de son poids.

Si vous êtes maigre et que vous faites ce songe, signifie : que vous vivez une période d'instabilité nerveuse.

Songe de maigrir et vois son entourage maigrir, annonce : que qu'ils auront bientôt besoin de votre soutien.

Songe de maigre annonce une perte d'argent ou de santé pour celui qu'on voit maigre.

Voir un homme maigre en songe, indique : un mauvais calcul dans vos projets.

Songe de maigre et être soi-même très maigre en songe, signifie : que vous arrivez au but que vous vous êtes fixé.

Songe de maigre

Songe de maigre et voir la maigreur d'un corps évoque naturellement la faim.

Se voir maigre en songe traduit l'inquiétude, des tracas au sujet du futur au sujet du travail ou de la situation matérielle.

Songe de maigre annonce : une perte d'argent ou de santé pour celui qu'on voit maigre.

Ce songe de maigreur, peut représenter un sentiment d'infériorité et même de peur.

Songe de femme maigre, signifie : qu'il est possible que la chance vous sourit, mais certainement pas l'amour.

Songe d'avoir un magistrat comme ami, indique : que votre conduite s'améliore.

Si c'est vous qui êtes dans le rôle de magistrat dans votre songe : c'est l'annonce de perte d'amitié.

Etre condamner par un magistrat en songe, annonce : une période bénéfique, le contraire s'il vous acquitte.

Songe de magistrat

Songe de magistrat ou de tous les hommes de loi vus en songe sont un avertissement pour vous mettre en garde contre tout ce qui pourrait vous amener à des procès ou jugement, vous n'y auriez aucune chance.

Par conséquent, soyez prudents dans ces sortes de choses, et ne vous laissez pas entrainer par colère à des actes répréhensibles.

Songe de magistrat annonce mieux vaut une mauvaise conciliation que de tenter le procès qui vous préoccupe.

Songe de magistrat prédit un événement désagréable.

Voir un magicien faire un tour de magie, signifie : que vous risquez de de faire un mauvais choix dans une situation prochaine.

Venez découvrir du même auteur :

Les secrets de l'alchimie Initiation à l'ésotérisme à travers le tarot de Marseille et la numérologie.

Songe de magicien

Songe de magicien signifie que vos affaires iront bien, mais qu'il faudra se méfier d'une personne qui pourrait bien tenter de vous nuire pour ne pas dire vous escroquer.

Songe de magicien et l'être soi-même en songe, annonce : que vous cherchez encore la bonne direction pour votre existence.

Ce songe peut aussi indiquer que vous chercherez à tromper quelqu'un.

Songe de magicien annonce une grande et heureuse nouvelle.

Ce songe de magicien indique également qu'une surprise vous jettera dans l'enchantement.

Voir une mâchoire menaçante ou agressive en songe est un signe : de dépression de mal-être profond, prônée soin de vous.

Signe de longue vie, si vous voyez la vôtre en songe.

Songe que vous vous brisé la mâchoire, révèle : que vous n'êtes pas honnête avec vous-même.

Songe de mâchoire et voir la dent supérieure, indique : des personnes de la famille, des dents inférieurs, représente, les amis et les connaissances.

Songe de mâchoire édentée : est un signe de deuil.

Voir une mâchoire béante dans un songe : révèle l'avidité du songeur.

Songe de mâchoire et avoir la mâchoire blessée : votre conjoint sera dur avec vous.

Songe de mâchoire

Songe de mâchoire et voir une belle mâchoire en songe avec toutes ses dents annonce : la richesse, la prospérité.

Voir une mâchoire édentée en songe est un présage : de perte de parents, d'amis ou de maladie.

Songe de mâchoire d'un animal, indique : que le songeur subira la colère d'un proche ou cela peut également indiquer un malentendu.

Voir sa propre mâchoire en songe, symbolise : votre détermination à aller au bout de vos projets.

Songe de macaron

Songe de macaron signifie : que des bavardages inconsidérés font toujours du tort.

Manger un macaron en songe, annonce : une période de repos.

Songe de macaron et en faire, prédit : un modeste salaire.

Ce songe de macaron révèle une certaine frivolité.

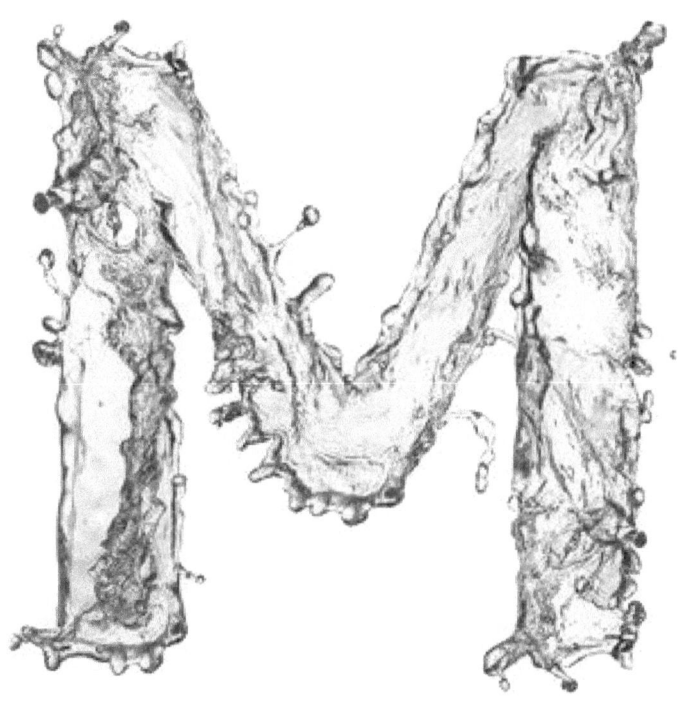

Voir une lance dans un mauvais songe annonce : un danger qui vous menace.

Songe de lance peut aussi présager que vous aurez des ennuis avec un adversaire redoutable mais loyal.

Ce songe peut prédire la sécurité dans une entreprise.

Songe de lance

Songe de lance symbolise l'intelligence comme toutes les armes dans les songes en général, c'est aussi une représentation phallique.

Songe de lance annonce que vous atteindrez vos objectifs.

Songe de lance qui se retourne contre vous, annonce : le contraire.

Songe de lance et en recevoir un coup, signifie : que votre intelligence se retournera contre vous.

Lancer une lance en songe signifie : qu'il faut se méfier d'un ou d'une de vos collègues.

Songe de lame peut également être une victoire totale sur vos adversaires.

Affuter une lame en songe signifie :
que vous voulez faire souffrir quelqu'un.

Songe de lame de rasoir : est un avertissement onirique, méfiez-vous des petites choses insignifiantes qui peuvent vous procurer de graves ennuis.

Songe de lame et voir une lame tranchante en songe annonce : que vous allez prendre une décision importante. Si elle est brisée, au contraire, vous restez dans l'indécision ; ébréchée, prenez garde à ne pas vous tromper, et ne vous hâtez pas de vous décider ; une lame sanglante est signe d'évolution dans votre vie.

Sa peut être à votre avantage, si vous savez bien choisir.

Si on vous blesse avec lame en songe cela signifie : que vous êtes en rébellion vis à vis d'une situation.

Songe de lame et blesser un inconnu dans votre songe indique : que c'est vous qui risquez de prendre un coup bas.

Songe de lame

Songe de lame révèle que vous vous trouvez devant des choix ou des décisions difficiles et vitaux.

Vous avez besoin d'être éclairé car votre équilibre est fragile.

Il est possible que vous soyez également en colère contre quelqu'un.

Songe de lame rouillée annonce : une trahison, une perfidie de la part d'un ami.

Songe de lame peut signifier, dans certains cas, une réconciliation avec une femme.

Songe de lame sans manche : est un signe d'impuissance.

Une lame de couteau symbolise dans un mauvais songe, les querelles suivie d'une séparation.

Songe de lait peut annoncer une amourette.

Songe de lait peut également prédire la naissance d'un enfant.

Songe de lait de chèvre est signe : de maladie sans gravité ou de caractère capricieux.

Acheter du lait en songe prédit : joie, prospérité et richesse.

S'il est aigre cela signifie : embarras ou contrariétés à l'horizon.

Pour certains spécialistes de l'onirisme ce songe signale une affaire ou combinaison dont on sera le dupe.

Le faire déborder par accident en songe : est un avertissement onirique certaines personnes qui vous entourent sont malhonnêtes vis à vis de vous.

Songe de lait maternel et voir une femme qui allaite est signe : de bonheur, d'affection ; si elle est âgée, présage d'une heureuse vieillesse.

Se laver avec du lait en songe, annonce : pour les hommes un mauvais choix professionnel et pour les femmes une possibilité de rencontre amoureuse sans lendemain.

Boire du lait froid en songe est un signe : de protection contre les malheurs.

Boire du lait chaud en songe signale : qu'une femme tente de nuire à votre réputation.

Songe de lait et le boire au sein dans votre songe indique : vous vous laisserez dominer par une femme.

Songe qu'une femme vous laisse prendre à son sein de son lait : amitié de femme.

Songe de lait et si vous êtes célibataire : cela peut annoncer une rencontre ou une nouvelle liaison.

Voir du lait en songe est signe qu'une amie a pour vous une affection douce et charmante ou c'est un signe de chance.

Songe de lait est un présage de fertilité, mais aussi de santé si l'on en boit ; vos goûts simples seront contentés.

Songe de lait et en répandre sur le sol est l'annonce : de pertes d'argent, probablement dans les affaires commerciales.

Songe de lait caillé présage : d'une querelle.

Songe de lait

Songe de lait symbolise la nourriture primordiale, ainsi que l'instinct et l'amour maternel, il révèle chez le songeur la bonté et la compassion. La signification change selon si l'on le renverse ou boit etc.

Songe de lait symbolise la chaleur, le confort, ce songe révèle que vous recherchez une protection.

Songe de lait et voir une laiterie signifie : fécondité.

Songe de lait et verser du miel et du lait sur un tombeau couvert de fleurs signifie : tendres émotions auxquelles succèdent les plus amers regrets.

Voir de la laine très fine en songe signifie : souvent que le songeur ne sait pas gérer ses finances.

Songe de laine annonce : de bonheur simple et tranquille, à la condition de n'être pas trop ambitieux ; signe d'amitiés, de bonne union.

Songe de laine de mouton et en vendre augurer : du caractère de la personne qui en vend ; elle est douce et obligeante.

Songe de laine et porter des habits de laine : prévoir que vous serez apprécié suivant vos mérites.

Voir un habit de laine seul annonce un deuil.

En acheter en songe signifie : que vous vous lancerez dans un nouveau projet.

Filer de la laine en songe présage : d'une longue existence.

Songe de laine

Songe de laine symbolise la chaleur, le confort, ce songe révèle que vous recherchez une protection.

Songe de laine peut signifier que le songeur à un esprit affable et qu'il est toujours en quête de chaleur humaine.

Songez de laine est un bon présage qui prédit la réalisation de vos plans.

Songez de laine et voir de la laine sale en songe signifie : que vous aurez à collaborer avec des personnes dont le caractère est complètement à l'opposé du votre.

Songe de laideur

Songe de laideur symbolise la culpabilité et le malaise intérieur qui l'accompagne.

Songe de laideur révèle que vous vous sentez peut-être pas sûr de vous, le regard d'autrui vous gêne, ou alors vous ne vous aimez pas.

Voir l'être aimé laid dans un songe signifie : que vous vous posez des questions sur votre amour.

Songe de laideur : révèle que vous faites l'objet d'envie et de jalousie.

Votre vertu est en danger.

Voir un inconnu très laid indique : la réception d'une mauvaise nouvelle.

Songe de lâcheté

Songe de lâcheté annonce le chagrin, l'ennui, la médisance, l'adversité.

Songe de lâcheté est synonyme de contrariétés multiples.

Songe de lâcheté dont vous êtes témoin : vous subirez un affront.

Songe de lâcheté dont vous faite preuve en songe annonce : un scandale.

Songe de lacer

Songe de lacer quelque chose indique que nouerez des liens amoureux.

Songe de lacer quelqu'un signifie : fidélité.

Songe de lacer des souliers : votre vertu sera attaquée à tort.

Songe de lacer un corset : votre vertu est en danger.

Si l'eau est propre et limpide alors cela prédit : un avenir heureux.

Songe de lac gelé et y tomber signifie : attention aux pièges amoureux.

Se promener en bateau sur un lac lisse comme un miroir est un présage : de prospérité.

Avec une jolie femme ; amour idéal.

Songe de lac et y tomber annonce : la maladie.

Songe de lac et se trouver sur le bord avec l'être aimé est un signe : de fidélité.

Songe de lac et s'y baigner annonce : une préoccupation amoureuse.

Songe de lac et se promener autour en songe, signifie : oubli des soucis et problèmes.

Si le lac est agité dans votre songe cela prédit : des tracas, mais s'il est calme c'est une vie paisible.

Nager dans un lac dans un songe cauchemardesque annonce : un danger ou la malchance.

Songe de lac et y naviguer en songe prédit : un heureux voyage.

Si l'eau du lac est sombre et boueuse cela annonce : de grands ennuis.

Songe de lac

Songe de lac est un songe qui, par l'image d'immobilité ou de stagnation qu'il renvoie, peut exprimer une interprétation variée, l'eau stagnante du lac révèle une vitalité équilibrée, une sexualité sans passion. Parfois ce songe signale un état de peine, de tristesse.

Songe de lac signifie également un désir de retour à l'amour maternel, en contradiction avec l'activité essentielle à l'évolution indispensable à la vie.

Le côté négatif de ce songe est qu'il représente votre état émotionnel, vous vous sentez peut-être restreint et vous avez des difficultés à exprimer vos émotions ou sentiments.

Songe de lac signifie : besoin de tranquillité.

Présage de difficultés très difficilement surmontées.

Songe de labyrinthe et s'y perdre peut révéler : que vous cherchez vainement la preuve d'une trahison, et s'y retrouver aisément veut dire vanité et soupçons.

Songe de chercher une sortie et réussir à en sortir signifie : que vous pouvez avoir confiance en l'avenir.

Songe de labyrinthe est toujours signe de difficultés, d'embûches.

Mais avec de la patience, on doit pouvoir les surmonter.

Souvent, le mal que nous prendrons pour sortir du labyrinthe nous conduira sur des voies inattendues ou le succès sera plus grand pour nous.

Songe de labyrinthe et se promener avec une femme jeune et belle dans un labyrinthe : est pour un homme une promesse de fortune et de bonheur.

Songe de labyrinthe peut être un conseil onirique : Suivez toujours la ligne droite, ne vous mêlez en rien aux intrigues de ceux qui vous entourent vous en seriez la victime.

Songe de labyrinthe

Songe de labyrinthe et y pénétrer seul, présage toujours des embarras ou des intrigues dont le songeur aura à souffrir.

Ce songe de labyrinthe peut révéler une difficulté à choisir votre voie au milieu de penchants divers et complexes, une possible crainte dans une affaire amoureuse ou encore une inconnue affective.

Songe de labyrinthe annonce qu'un mystère sera dévoilé.

Songe de labyrinthe et s'y perdre indique : que vous êtes mal secondé.

Songe de labyrinthe et s'y engager prédit : des embarras dans le ménage.

Songe de labourer la terre lorsque c'est la profession du songeur : profit, heureuse récolte, quand cela ne l'est pas c'est un présage de chagrin et de mélancolie.

Songe de labourer est parfois l'indice de la découverte d'un secret.

Voir labourer annonce une union féconde.

Ce songe assure votre avenir.

Songe de labourer avec des chevaux : vos travaux seront très profitables.

Avec des bœufs ; excellent augure.

Songe de labourer

Songe de labourer est le symbole de fécondation de la terre.

Ce songe annonce souvent une période de travail intense.

Songe de labourer et voir labourer : est un présage d'activité, de succès, d'abondance, d'aisance, de prospérité, de considération, de tranquillité, de bonheur, de joie, et enfin d'une belle et nombreuse famille.

Songe de labourer une terre féconde et jeune : félicité, bon temps à passer.

Songe de labourer est un signe d'abondance, de travail continuel, et de prospérité.

Songe de labourer annonce d'amples récoltes.

Songe de laboratoire et voir brûler un laboratoire en songe : attention danger de maladie.

Songe de laboratoire est un conseil onirique : cultivez-vous autant que vous le pourrez c'est par là que vous réussirez.

Songe de laboratoire et y travailler : vos efforts vous mèneront vers la réussite.

Songe de laboratoire

Songe de laboratoire signifie que c'est par votre travail et vos connaissances que vous connaitrez le succès.

Si vous êtes courageux et travailleur, vous aurez vite gagné de quoi vous retirez de bonne heure.

Songe de laboratoire annonce : une amélioration de votre situation.

Songe de laboratoire et voir un de vos proches y travailler signifie : qu'un mystère vous perturbe.

Si votre songe de laboratoire est cauchemardesque : cela peut prédire un danger de maladie imminente.

Songe de krach

Songe de krach financier annonce : des difficultés passagères.

Le songe d'un krach boursier est l'annonce : d'un changement brutal et imprévisible dans votre existence ou dans votre manière de voir les choses.

Songe de krach boursier annonce : que vos idées de projets n'aboutiront pas sans l'aide d'une personne avisée.

Songe de kidnapping et voir une personne se faire enlever, signifie : que vous n'êtes pas insensible à cette même personne ou vous pouvez sentir qu'elle est en danger.

Songe que vous êtes un kidnappeur dans un songe de kidnapping signifie : que vous êtes obnubilé par une affaire ou autre et que vous avez besoin d'un lâcher prise.

Songe de kidnapping

Le songe de kidnappings n'est pas un songe insignifiant faites au mieux pour vous rappeler autant de détails.

Songe de kidnapping représente un état de faiblesse, le songeur se sent pris dans des complications insurmontables.

Songe de kidnapping peut également être le signe qu'une personne cherche à vous détourner de vos vrais projets.

Si dans un songe de kidnapping vous êtes témoin interrogé par la police, cela indique : que vous recevrez rapidement une nouvelle inattendue.

Songe de kidnapping et être kidnappé par votre conjoint : est un songe qui dénonce une trop grande emprise sur vous par celui-ci.

Songe de kart

Songe de kart est toujours un signe : d'inconscience, de détachement par rapport aux choses terre à terre de l'existence ou de je m'en frontisme.

Songe de kart signifie : prenez garde à vos affaires ou projets, car par votre conduite insouciante, ils peuvent s'effondrer.

Songe de karaté

Songe de karaté et en faire signifie : que vous avez la situation en main et que vos réactions sont rondement menées.

Voir des inconnus pratiquer le karaté en songe, signifie : que certaines de vos connaissances vous chercheront querelle.

Songe de karaté et voir un entrainement annonce : que vous étonnerez vos proches par vos choix insolites.

Songe de karaoké

Songe de karaoké et chanter au micro peut représenter : une envie de vous libérer de certaines attaches.

Voir des inconnus pratiquer du karaoké en songe, signifie : que le chemin qui vous mène vers le succès sera long et sinueux.

Songe de karaoké et chanter avec d'autres personnes indique : que vous pouvez compter sur vos amis ou amies.

Songe d'un kangourou qui vous agresse, signifie : que l'on tentera de salir votre réputation.

Ce songe est synonyme d'affaires embrouillées".

Tuer un kangourou en songe prédit : une rupture sentimentale.

Songe d'apprivoiser cet animal annonce : une nouvelle décourageante.

Voir un kangourou dans une cage dans votre songe indique : que vous blessez une personne de votre entourage par votre dédain.

Voir un kangourou mort présage : rien de bon pour votre avenir.

Songe de kangourou

Songe de kangourou représente la protection maternelle et paternelle.

Vous recherchez peut-être le douillet cocon familial car pour vous les temps ne sont pas faciles.

Ce songe de kangourou peut aussi révéler que vous offrez trop de protection à autrui en ce moment.

Paradoxalement ce songe symbolise aussi l'agressivité.

Ce songe indique également que comme le kangourou vous êtes très actif même trop car vous sautez d'un projet à un autre sans prendre le temps d'aller jusqu'au bout des choses.

Songe de kaki

Songe de kaki (la couleur) indique : que vous êtes sujet à l'inconstance dans vos projets et entreprises.

Songe de porter des habillements de couleur kaki signifie : que vous cherchez à fuir vos responsabilités.

Si dans votre songe vous achetez un habillement kaki : alors méfiez-vous de vos sauts d'humeur qui pourraient réduire à néant vos projets.

Songe de kaki (le fruit) annonce : la volupté et les plaisirs.

Songe de kaléidoscope

Songe de kaléidoscope augure : des changements importants dans votre vie.

Songe de voir un inconnu se servir d'un kaléidoscope annonce : qu'une personne de votre entourage cherche à vous spolier.

Songe de kaléidoscope peut aussi, selon le contexte, signifier : que vous vivrez de grands plaisirs prochainement.

Songe de kabbale et s'intéresser à ce sujet signifie : que vous ferez une découverte sur une vérité cachée.

Songe que vous parcourez un ouvrage sur la kabbale indique : que vos relations sont stériles.

Songe de kabbale et tenter de la diffuser en songe : est un présage de réussite grâce à vos dons et talents.

Songe de kabbale

La Kabbale est l'une des plus anciennes traditions sacrées.

Elle aurait été transmise à Adam, le premier homme, par l'Ange RAZIEL.

On dit aussi, qu'elle est une partie des Lois reçues par Moïse, celles transmises par voie orale.

Le mot « Kabbale » peut avoir beaucoup de significations différentes selon les personnes qui emploient ce terme.

En un mot, il s'agit d'une sagesse très ancienne qui nous révèle le fonctionnement de la vie et de l'univers.

Au sens littéral, le mot Kabbale signifie « recevoir ».

En étudiant la Kabbale, nous apprenons à accomplir notre destinée.

Voir une lettre K dans un songe à une excellente signification : elle représente la générosité le partage l'échange.

Une autre signification de cette lettre K est qu'elle annonce : l'aide et la bienfaisance vous aiderez les autres, suivent le cotexte c'est vous qui serer aider.

Songe de la lettre K

Le K est une lettre puissante qui symbolise l'action.

Il représente l'énergie physique aussi bien que la force morale.

Il est travailleur et capable de diriger toute affaire matérielle.

Il est téméraire, vivace, réceptif, mais aussi impatient et nerveux.

Il a de grandes capacités de création et des dons artistiques.

Il aime charmer, conquérir et donne toujours une emprise heureuse sur les autres.

Au niveau sentimental sa vie est faite de succès.

Songe de jumeaux qui jouent ensemble annonce : une vie de famille très agréable.

Songe de jumeaux en conflit signifie : que votre dualité vous freine dans votre progression.

Songe de jumeaux et voir en songe une personne de votre famille accoucher de jumeaux : vous connaitrez un amour intense.

Si c'est vous qui accouchez de jumeaux cela prédit que vous n'avez pas à vous inquiéter pour votre avenir.

Songe de jumeaux et avoir des jumeaux dans votre songe : vous promet la fortune.

En voir seulement, signe : de prospérité, peut-être d'héritage, mais il faut surveiller la santé des enfants, car il y a avertissement de ce côté le cas échéant.

Songe que vous mettez au monde des jumeaux indique : que votre esprit et vos convictions sont mis à mal par une personne de votre entourage.

Songe de jumeaux indique également que vous êtes arrivé à un moment capital dans votre existence.

Songe de jumeaux de même sexe, annonce : la prospérité.

Si les jumeaux ne sont pas du même sexe, vous serez contraint à verser de l'argent à une personne de votre entourage.

Si vous êtes un homme et que vous songez que votre femme accouche de jumeaux : attendez-vous à voir une nette amélioration de votre position.

Songe de jumeaux

Songe de jumeaux est un symbole d'ambiguïté, de dualités ou d'opposition.

Ce songe révèle, selon son contexte, des conflits ou une harmonie dans votre subconscient.

Songe de jumeaux est un signe de sécurité dans vos entreprises, ce songe représente également une certaine fidélité et une joie de vivre.

Songe de jumeaux qui se disputent : reflète un conflit au niveau de votre psyché.

Songe de journal vous révèle : que vous cherchez à faire la lumière sur un problème que vous vivez depuis un certain temps et qui vous taraude.

Songe de journal indique aussi que vous trouverez ce que vous cherchez.

Ce songe peut signifier que vous avez besoin de vous confier.

Ou de vous exprimer en public.

Songe que vous n'arrivez pas à lire un journal annonce : que votre honneur sera remis en cause.

Songe que vous êtes un vendeur de journaux indique : que vous êtes dans une période où vous tentez de prévenir les autres sur un événement important.

Dans certains cas lire ou acheter un journal révèle : des inquiétudes.

Vous négligez vos affaires pour celles des autres.

Votre position en souffrira.

Songe de journal annonce : une instruction ou un contrôle utile.

Lire beaucoup de journaux en songe signifie : renseignements profitables sur les affaires qui vous concernent le plus.

Critiquer des journaux ou les détruire signifie : mensonge, raillerie, dévoiler, on se joue de vous.

Entendre crier le titre d'un journal : argent dépensé en pure perte.

Songe de journal

Songe de voir ou lire un journal indique : que vous devriez recommencer vos études.

Songe de lire avec un grand intérêt un journal : on vous considéra comme nouveau érudit.

Le revendre après l'avoir lu, prédit : que vous donnerez du bonheur à quelqu'un d'autre.

Trouver un journal sur le seuil de votre porte en songe indique : que vous serez la cible de médisances.

Songe de jeune mariée

Songe d'embrasser une jeune mariée signifie : que vous n'avez pas confiance dans l'amour.

Songe de voir une jeune mariée pleurer prédit : la malchance pour les femmes, la joie pour les hommes.

Songe d'une jeune mariée qui se marie à l'église, annonce : une vie heureuse pour les femmes, mais une tromperie pour les hommes.

Voir une robe de mariée : orgueil pour les femme, succès en amour pour les hommes.

Si vous voyez dans votre songe un jeune homme assis et perplexe cela annonce : un mauvais projet.

Un jeune homme qui songe d'une jeune fille : aura besoin d'une longue patience pour se faire aimer.

Songe d'un jeune homme lorsque l'on est un homme n'augure rien de positif : il faut craindre l'arrivée de quelques ennuis dans les jours qui suivront, sauf dans le cas où vous aimer les homme-là vous pouvez prévoir une nouvelle rencontre.

Songe de jeune homme

Songe qu'un jeune homme se promène dans un jardin avec une jeune fille cela prédit : la tristesse pour les hommes et un bel amour pour les femmes.

Songe d'un jeune homme beau annonce : un épisode de bonheur dans le domaine sentimental, ce songe peut aussi avertir le songeur qu'il ne doit pas prendre ses songes pour de la réalité.

Songe de jeune homme pour une jeune femme annonce : une relation retardée, voir un redévoué romantique annulée.

Songe de jeune fille et avoir une liaison avec elle en songe : peut annoncer un échec face à une affaire.

Songe de jeune fille est souvent pour une femme un bon présage.

Voir danser une jeune fille en songe : est un signe de bonheur.

Songe de jeune fille et agresser une jeune fille en songe prédit : la misère.

Songe de jeune fille et voir une jeune fille bien habillée en songe : Si vous êtes un homme ; mésaventure.

Si vous êtes une femme ; satisfaction dans la vie.

Songe de jeune fille et recevoir une lettre ou un message d'une jeune fille annonce : le succès en amour, c'est le bon moment pour faire une demande de mariage, pour c'est dame exceptée une demande de mariage.

Etre une jeune fille et voir dans un songe un homme nu prédit : une rencontre.

Songe de jeune fille et si elle est nue dans votre songe, annonce : une distinction imméritée.

Pour un jeune homme, songe d'une jeune fille prédit une déception, dans certains cas, c'est une vision de la femme désirée.

Le songe de jeune fille est aussi : pour un homme le reflet d'une immaturité ou d'une relation amoureuse nouvelle.

Un homme qui songe qu'il est entouré de nombreuses jeunes filles signifie : qu'il devrait limiter son désir et se concentrer sur un unique amour ou relation.

Voir une jeune fille pleine de tristesse en songe indique : bientôt des embarras.

Songe d'une jeune fille qui pleure, prédit : que vous serez trahi.

Songe de jeune fille

Songe d'une jeune fille symbolise : votre côté juvénile, ce songe représente également la partie féminine de votre personnalité.

Une femme mûre qui se voit jeune fille dans un songe, révèle : qu'elle est inquiète de son apparence vis-à-vis de l'être aimé ou cela représente le regret du passé.

Voir une jeune fille fragile et maigre annonce : la mauvaise santé d'une personne de votre entourage.

Songe de jeune fille et embrasser une jeune fille, dans votre songe, signifie : que vous commettrez une erreur si vous vous précipitez.

La terre incarne ici la femme du dormeur et si elle est grasse ou s'imprègne d'eau, c'est l'annonce : d'une grossesse.

Mais si un serpent apparaît dans le jardin, alors c'est un signe de difficultés ou de trahison.

Ce songe de jardin peut aussi symboliser la stabilité, et votre progression intérieure.

Songe d'un jardin dépouillé de feuilles et de fruits est signe : de peine pour ceux que nous aimons.

Songe de jardin bien tenu, annonce : un accroissement de fortune.

Songe de jardin en désordre : est un indice de déconfiture ou de faillite.

Songe de jardin et arroser son jardin en songe indique : que votre amour sera durable.

Songe de jardin ou voir jardin en songe est l'image de votre vie, le nombre de fruits, de fleurs, d'arbres que vous y remarquez représente : l'ensemble des biens que vous possédez ou posséderez.

intérieures pour atteindre notre but moral idéal.

De plus, songe de jardin herbeux et fleuri symbolise fréquemment la sexualité de la femme, le jardin de vénus.

Songe de jardin et être dans un jardin clôturé ou délimité par un grand mur signifie : que vous éprouvez une restriction dans vos relations.

Songe de jardin et s'y promener représente : un précieux témoignage d'affection de la personne aimée.

Songe de cultiver un jardin : c'est que l'on prodiguera soi-même ces témoignages.

Songe de jardin potager et voir son jardin plein de légumes ou de fruits révèle : que votre obstination dans votre labeur sera lucratif à la fin.

Songe de jardin

Songe de jardin représente souvent notre jardin intérieur, le centre de notre personnalité psychique, le lieu idéal à atteindre moralement et vers lequel tendent tous nos efforts, même inconscients.

Il n'est pas rare dans ce jardin des songes, que se dresse un grand arbre (l'arbre de vie, de force, de puissance), à moins qu'une fontaine d'eau claire n'y coule.

Si, en songe nous nous promenons dans notre jardin, nous faisons le "tour" de notre personnalité intime ; nous sommes à la recherche de notre centre.

En ce sens, il ressemble à un château.

Souvent l'entrée du jardin n'est permise qu'après de nombreuses difficultés qui elles aussi, représentent nos luttes

Tuer un jaguar en songe, signifie : comme dans de nombreuses d'interprétations, des accidents ou des ennuis à venir ; en général tuer un animal en songe est néfaste.

Prendre la fuite devant un jaguar et être poursuivi annonce : des mises au point mouvementées sur le plan relationnel et suivent le contexte sur l'affectif.

Songe de jaguar

Songe de jaguar représente : les choses cachées, les ruses et les complots qui se passent à votre insu.

Si vous songez que vous chassez un jaguar cela signifie : que votre intransigeance vous mettra dans l'embarras.

Capturer un jaguar en songe est un avertissement : il conseille de prendre plus d'informations sur vos adversaires pour mieux les contrer.

Songe de se battre avec un jaguar et être blessé prédit : que votre situation actuelle va se détériorer.

Voir une jacinthe fanée en songe est un signe : de désillusion ce que vous croyez savoir va volée en éclat.

Dans certains cas songe de jacinthe indique : l'acidité dans vos relations.

Songe de jacinthe

Songe de jacinthe est signe : d'amitié, si vous savez la choisir, car nous avons tendance à mal placer notre confiance.

Soyons discret sur notre compte dans les amitiés nouvelles et attendons de les avoir éprouvées afin de n'avoir pas de mécompte.

Voir une jacinthe en songe annonce : la réception de cadeaux.

Recevoir cette fleur en présent annonce : un grand amour.

Songe de jacinthe indique : que votre confiance est mal placée.

Ce songe vous conseille également "que la discrétion soit votre guide".

Si vous songe qu'une infirmière vient chez vous, cela signifie : que vous recevrez sous peu une nouvelle importante.

Songe de séduire une infirmière annonce : que vous devrez faire un choix.

Songe d'infirmière est un bon présage pour les affaires côté financier.

Voir en songe une infirmière quitter votre maison est un signe : de bonne santé ; si vous faite se songe souvent vous vivrée long temps.

Songe d'infirmière

Songe d'infirmière symbolise : votre manque de confiance en vous.

Songe d'infirmière et en avoir la visite chez soi annonce : un période chargée d'ennuis.

Songe que vous êtes une infirmière révèle : votre manque de sensibilité face à certaines situations.

Songe de voir une infirmière en songe annonce : que vous aurez bientôt besoin d'une période de récupération, physique ou psychique.

Si une jeune femme songe qu'elle est infirmière, cela indique : qu'elle gagnera le respect des autres.

Si vous subissez l'infidélité dans votre songe cela annonce : la richesse, la prospérité ; suivent le contexte du songe.

Si c'est vous qui commettez l'infidélité, surveillez votre santé.

Songe d'infidélité annonce : une bonne santé et même de la fortune, mais à la condition d'être fidèle dans la vraie vie, car, dans le cas contraire, une femme vous apportera du malheur.

Une femme qui songe de l'infidélité de son conjoint, signifie : que celui-ci lui cache peut-être quelque chose.

Songe d'infidélité symbolise : un sentiment d'abandon ou de négligence dans une liaison, cela peut aussi signifier que vous ne parvenez pas à extérioriser vos émotions.

Le songe d'infidélité signifie : également que vous vous sentez insatisfait dans votre relation amoureuse.

Ce songe est aussi déclenché pat le fait que le songeur recherche une sexualité plus forte, différente de celle qu'il vit dans la vraie vie.

Songe d'infidélité

Songe d'infidélité et songer qu'on l'a été indique : qu'il faut vous attendre à être accusé d'une faute que vous n'aurez pas commise.

Si vous êtes une femme et que vous faites ce même songe, c'est indice que votre comportement peut mettre en péril votre ménage.

Songe d'infidélité et y résister en songe : est un bon présage pour la suite des événements.

Songe d'infidélité pour un homme marié signifie : que dans la réalité son comportement est moqué par certaines de ses connaissances.

Songe d'une inconnue avec des cheveux beaux et longs : amour dans votre couple ou nouvelle rencontre.

Rencontrer un inconnu en songe annonce : une réclamation inattendue et désagréable.

Songe d'inconnu peut également présager : des nouvelles agréables, et des réussites inattendues, votre situation pourrait changer pour une autre bien supérieure.

Songe d'inconnu

Songe d'inconnu et en voir un en songe, représente : une facette de votre personnalité que vous dissimulez ou que vous refoulez.

Songe que vous êtes dans un endroit inconnu prédit : un changement dans votre vie.

Ce songe d'inconnu peut, dans un certain contexte, prédire une réussite inespérée, ou une bonne nouvelle.

Voir un inconnu en songe annonce parfois un changement de situation.

Songe d'inconnu annonce : la gloire, honneur, succès et déplacement d'affaires.

Dans l'ancienne tradition onirique, songe d'impuissance annonçait : une fortune imprévue ou selon le contexte prédisait des difficultés en tout genre.

Songe d'impuissance laisse présager : une certaine mollesse sur le plan professionnel et une certaine apathie dans vos relations, qui pourraient favoriser des ennuis dans votre vie familiale, et même sociale.

Vous pouvez prendre ce songe d'impuissance comme un appel à vous reprendre en main avec fermeté.

Songe d'impuissance sexuelle annonce : un épuisement physique ou dans certains cas un manque d'amour.

Voir des personnes impuissantes en songe prédit : qu'il est nul besoin d'écouter les doléances des autres.

Songe d'impuissance morale est synonyme : de débâcle sur le plan des affaires, attention à vos contrats et vos collaborateurs.

Songe d'impuissance

Songe d'impuissance est fréquemment déclenché par des problèmes sexuels que vit le songeur.

Songe d'impuissance indique : également que le songeur se trouve dans un sentiment de faiblesse ou d'échec, nécessitant une remise en question.

Ce songe d'impuissance peut aussi signifier : un complexe d'infériorité ou une crainte d'affronter les difficultés du moment.

Songe d'impuissance est un signe : que vous manquez de passion, d'énergie et de détermination.

En d'autres termes, les facultés de l'âme sont selon lui une condition de vie.

L'âme, « bien qu'une en son fond, n'est pas entièrement uniforme :

Elle s'épanouit en facultés de natures Diverses » :

Nutritive, sensitive, locomotive et intellective.

Pour Platon, les « principes » de l'âme sont complémentaires, ils ne sont pas primaires, c'est-à-dire qu'on ne peut pas les localiser comme des organes dans un corps humain par exemple.

« L'âme et ses facultés d'après Aristote »

Outre le mouvement, l'âme a été également été définie par les matérialistes à l'aide de la perception et de l'incorporel.

Platon expose clairement que l'âme n'a pas de parties distinctes :

Il ne faut pas croire non plus que l'âme en sa véritable nature soit une sorte d'être formé d'une foule de parties variées, diverses et différentes entre elles.

Il indique plutôt que l'âme est constituée de trois « principes » ou « entités » :

La raison ou logos, l'agressivité (colère) ou thumos et les désirs (soif et faim) ou épithumia.

Ces trois « principes » sont à comprendre en termes de fonctions et non de parties.

Par contre, parler de l'âme selon Aristote, c'est exprimer ses facultés, des capacités Psychiques qui rendent possible la vie.

Petite parenthèse sur l'immortalité de l'âme

Selon certains matérialistes Tels Démocrite et Leucippe, l'âme serait constituée de différents éléments, d'atomes.

Les atomes, étant naturellement en mouvement, vont ainsi être responsables du mouvement du corps, d'où l'idée de l'âme comme principe de mouvement.

Chez les pythagoriciens, on retrouve l'idée de l'âme identifiée « avec les déchets que l'air contient et d'autres, avec ce qui met ceux-ci en mouvement ».

Homère, quant à lui, associe l'âme à l'intelligence, et celle-ci serait, selon lui, responsable du mouvement.

Songe d'immortalité

Songe d'immortalité ou que l'on est immortel symbolise : la longévité, l'éternité.

Ce songe révèle que vous possédez un sentiment de supériorité.

Songe d'immortalité peut aussi signifier : que vous n'aimez pas revenir sur vos pas ou que vous détestez recommencer une chose que vous avez déjà faite.

Songe d'immortalité montre : que le songeur refuse le changement.

Songe d'immortalité a aussi cette signification : vous perdrez des acquis par votre faute.

Songe d'être propriétaire d'un immeuble, prédit : une certaine prospérité sur tous les plans.

Si l'immeuble est délabré une période de disette financière est en route.

Songe d'emménager dans un immeuble neuf : certains de vos soucis prendront bientôt fin.

Si vous songez d'un immeuble aux proportions colossales, cela signifie : qu'un événement vous fera voir les choses d'une façon complètement différente.

Songez de monter jusqu'au dernier étage d'un immeuble sans ascenseur, signifie : que vous aurez la force de finir un projet important pour vous, malgré les obstacles.

Songe d'un immense immeuble prédit : un voyage d'affaire important.

Rechercher une personne dans un immeuble, indique : qu'il faut prendre la vie plus simplement et ne pas chercher midi à quatorze heures.

Songe d'habiter dans un immeuble signifie : qu'un coup de chance vous sortira d'un mauvais pas.

Songe de voir un inconnu tombé d'un immeuble est un avertissement : un échec est imminent ou cela peut refléter votre peur de ne pas réussir dans la tâche qui la vôtre actuellement.

Sur le plan financier songe d'immeuble n'est pas de bon augure.

Songe d'un bel immeuble dans un cadre agréable prédit : une vie prospère et tranquille.

Songe d'un minuscule immeuble annonce : la pauvreté de petit revenue financier.

Voir en songe un immeuble ancien ou en restauration annonce : des conflits cella peut-être dans le couple ou au travail.

Songe d'immeuble

Songe d'immeuble symbolise : le moi et le corps.

L'étage auquel vous vous trouvez représente votre niveau de réussite futur.

Si vous songez être dans les étages inférieurs de l'immeuble, cela révèle chez vous un comportement primaire.

Songe de voir un immeuble en ruines ou délabrés signifie : que vous vous tromperez de chemin dans une situation que vous allez vivre.

Songe d'un immeuble que s'écroule annonce : que votre volonté fléchie concernant vos projets ou vos entreprises.

Voir en songe une île dévastée est un signe : de ruine sur le plan financier.

Voir une île : on vous honorera.

Nager vers une île, prédit : une grande joie.

Nager vers une île très éloignée, annonce : un risque d'accident.

Songe d'aborder sur une île est un présage : d'heureux voyage.

Voir une île déserte annonce : des brouilles ou un abandon.

Songe d'île annonce : parfois que vous vous sentez exclu de la société.

Vous êtes peut-être actuellement dans une impasse et vous vous interrogez sur les décisions à prendre.

Songe d'île pour une femme prédit : un mariage heureux.

Songe de voir une île éloignée annonce : une vie heureuse et prospère.

Si dans votre songe vous voyez des personnes sur un île cela indique : que vous devrez combattre pour avoir ce qui vous revient de droit.

Songe d'une île est un présage : de solitude de soi dans les temps difficiles.

Songe que vous quittez une île prédit : des changements dans votre vie.

Songe d'île

Songe d'île est un songe qui révèle : que vous avez besoin de détente, d'aisance et de bien-être.

Ce songe peut également signifier : que le stress, la surcharge de travail, vous pousse à chercher des moments de solitude.

Songe d'être seule sur une île déserte révèle : que vous cherchez à fuir les contraintes de votre quotidien, cela peut aussi montrer qu'au lieu d'affronter la difficulté, vous battez en retraite.

Songe que vous êtes sur un navire et que celui-ci percute un iceberg "genre Titanic" signal : que vos adversaires vous tendront un traquenard, mais sans pouvoir vous y précipiter.

Songe d'un iceberg dans une mer calme, annonce : un danger inattendu.

Songe que vous êtes sur un iceberg signifie : que l'on vous domine ce qui vous met dans une position délicate.

Songe d'iceberg

Songe d'iceberg et en voir un grand est révélateurs : de votre handicap à ne pas savoir utiliser vos capacités et vos avantages.

Songe d'iceberg est aussi le signe : que vous tentez de vous dissimuler derrière une apparence.

Le songe d'iceberg peut également révéler : que vous êtes superficiel dans les prises de décisions ou la gestion des problèmes.

Ce songe est aussi un avertissement méfiez-vous de vos adversaires leurs plans sont peut-être plus importants que vous ne pouvez le percevoir.

naturellement le maître des écrits dans une société où l'écriture hiéroglyphique est restreinte au cercle des initiés, contrairement à l'écriture démotique, plus populaire.

Thot prend donc naturellement une forme mixte d'homme à tête d'ibis.

Songe d'ibis

Songe de voir un ibis dans votre songe symbolise : la tendresse, la patience et l'espérance.

Songe de l'oiseaux ibis annonce : aussi une grande volonté.

Songe de ibis indique : que l'on vous honore et que l'on vous considère.

L'ibis est reconnu pour sa capacité à différencier une eau potable d'une eau non potable.

De ce fait, sa transposition divinisée en fait un animal-dieu du savoir.

Par extension, il est celui qui détient le savoir, et donc qui le transmet ; il devient

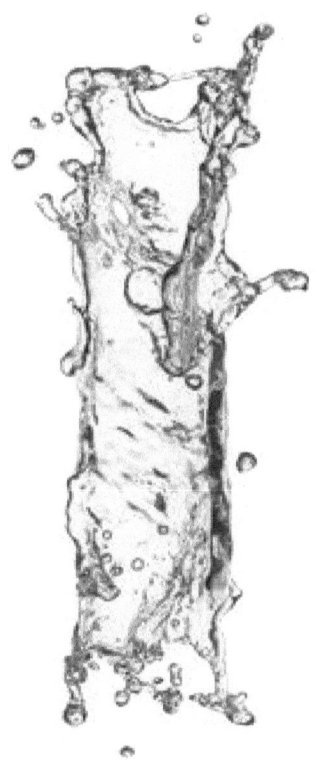

Remercîment

Vous n'échouerez sans doute jamais autant que moi !

Certains échecs dans la vie sont inévitables c'est impossible de vivre sans échouer à un moment donné.

A moins que vous viviez en étant si attentif que vous en oubliez carrément de vivre ?

Et dans ce cas vous avez échoué d'avance !

Mrs J.K Rowling

Après ce premier travail j'ai pu remettre ceci au goût du jour.

J'ai tout de suite dû me rendre à l'évidence que je ne pourrais publier cet ouvrage en un seul exemplaire.

Car il aurait compté plus de 1200 pages !

Donc en définitif j'ai préféré l'éditer sous la forme de Tome, celui-ci est le deuxièmes d'une longue série.

Avec cet ouvrage fini le pressentiment qu'il y a quelque chose que vous oubliez, ayez un temps d'avance sur votre destinée.

L'interprétation des Songes permettra de comprendre votre destinée et les symboles mystiques qui nous sont donnés par nos anges de lumière.

Le songe dans l'Antiquité on parlait de songe, comme je l'écrive dans mon précédant ouvrage.

C'est après un long travail journalistique et littéraire, que je me suis aperçu qu'il fallait reprendre les définitions des Songes, à leurs origines.

Vous aimeriez comprendre vos Songes et interpréter les signes et symboles de vos nuits ?

Vous vous réveillez le matin et vous avez encore ses brides de songe qui vous reste dans la tête cette image persistante.

Il faut savoir que de nombreux psychanalystes ont révélé le caractère symbolique des différentes apparitions dans les songes.

Songe de mal de mer 136
Songe de maladie 137
Songe de maman 141
Songe de mamelles 143
Songe de mandala 144
Songe de manège 146
Songe de manger 148
Songe de marche d'escalier 152
Songe de nez 155
Songe de nouveau-né 158
Nation zérØ 159

Songe de karaoké	79
Songe de karaté	80
Songe de kart	81
Songe de kidnapping	82
Songe de krach	84
Songe de laboratoire	88
Songe de labourer	90
Songe de labyrinthe	92
Songe de lac	95
Songe de lacer	98
Songe de lâcheté	99
Songe de laideur	100
Songe de laine	101
Songe de lait	104
Songe de lame	108
Songe de lance	111
Songe de macaron	116
Songe de mâchoire	117
Songe de magicien	120
Songe de magistrat	122
Songe de maigre	124
Songe de maigrir	126
Songe de main	128
Songe de maîtresse	134

Table des matières

Songe d'ibis 17

Songe d'iceberg 19

Songe d'île 21

Songe d'immeuble 24

Songe d'immortalité 28

Petite parenthèse sur l'immortalité de l'âme 29

Songe d'impuissance 32

Songe d'inconnu 35

Songe d'infidélité 37

Songe d'infirmière 40

Songe de jacinthe 46

Songe de jaguar 48

Songe de jardin 50

Songe de jeune fille 54

Songe de jeune homme 58

Songe de jeune mariée 60

Songe de journal 62

Songe de jumeaux 65

Songe de la lettre K 71

Songe de kabbale 73

Songe de kaléidoscope 75

Songe de kaki 76

Songe de kangourou 77

POYET KARINE

Interprétations des rêves en songes volume 3

NOIR ET BLAN

© 2017, Poyet, Karine
Edition : Books on Demand,
12/14 Rond-Point des Champs-Elysées, 75008 Paris
Impression : BoD - Books on Demand Norderstedt, Allemagne
ISBN : 9782322083398
Dépôt légal : septembre 2017